AF523652

24 WEIHNACHTS KLASSIKER

Hölker Verlag

INHALT

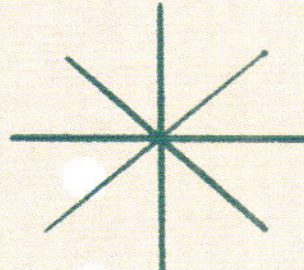

1. ADVENT

Festglocken tönen überall,
es flammen tausend Kerzen.
Rings Freude nur und Jubelschall
aus frohen Kinderherzen.
In jeder Stadt, in jedem Nest,
wohin den Blick ich trage,
ertönet heut der Ruf zum Fest:
„Vergnügte Feiertage!“

RUDOLF LÖWENSTEIN

Gebrannte Mandeln

FÜR CA. 600 G

Öl zum Bestreichen

400 g Zucker

2 Pck. Vanillezucker

1 TL Zimt

2 Prisen Kardamom

400 g blanchierte Mandeln

Ein Backblech mit Backpapier auslegen und das Papier mit etwas Öl bestreichen.

Zucker, Vanillezucker und Gewürze mit 200 ml Wasser in eine große Edelstahlpfanne mit hohem Rand oder einen Topf geben. Die Mischung aufkochen, ohne umzurühren, und die Mandeln zugeben. Unter ständigem Rühren auf hoher Stufe weiterkochen, bis der Zucker trocknet. Dann die Temperatur auf mittlere Stufe reduzieren und die Mandeln so lange umrühren, bis der Zucker zu karamellisieren beginnt. Dieser Vorgang kann bis zu 8 Min. dauern.

Im Anschluss die Mandeln direkt auf das Backblech geben und gut verteilen, damit sie nicht aneinanderkleben. Vollständig abkühlen lassen und genießen.

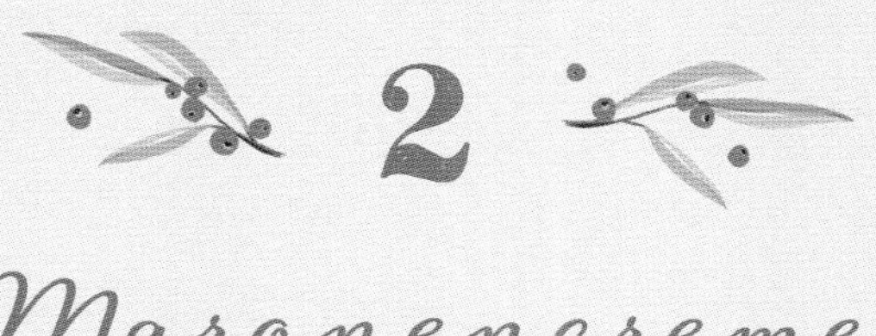

Maronencreme mit Vanille

Die Vanilleschote längs aufschneiden und das Mark herauskratzen. Schote und Mark mit Milch und Zucker in einen kleinen Topf geben und kurz aufkochen lassen. Die Maronen zufügen und bei mittlerer Hitze in 20 Min. weich kochen.

Die Vanilleschote entfernen und die Maronenmasse fein pürieren. Die Zartbitterschokolade grob hacken und in der Maronenmasse schmelzen. Anschließend abgedeckt mind. 1 Std. kalt stellen.

FÜR 4 PORTIONEN

1 Vanilleschote

500 ml Milch

50 g Zucker

300 g vorgegarte Maronen

50 g Zartbitterschokolade

Spekulatius

FÜR 2 BLECHE

Für die Spekulatius

250 g Butter
plus etwas zum Einfetten

300 g Zucker

100 g Marzipanrohmasse

1 Ei

400 g Mehl plus
etwas mehr zum Bearbeiten

100 g gemahlene Haselnüsse

1 Prise Salz

1 Pck. Lebkuchengewürz

100 g Mandelblättchen

3 EL Milch zum Bestreichen

Außerdem

Spekulatius-Model

Die Butter mit Zucker und Marzipan verkneten. Ei, gesiebtes Mehl, Haselnüsse, Salz und Lebkuchengewürz einarbeiten. Den Teig zu einer Kugel formen, in Klarsichtfolie wickeln und für 2 Std. kalt stellen.

Den Backofen auf 200 °C vorheizen. Model und zwei Backbleche einfetten und mit Mehl bestäuben. Den Teig auf der ebenfalls mit Mehl bestäubten Arbeitsfläche ca. 5 mm dick ausrollen. Passend große Stücke schneiden, in die Model drücken und überstehende Ränder entfernen. Mandelblättchen leicht in die Rückseiten drücken. Spekulatius aus den Modeln auf die Bleche klopfen. Mit Milch bestreichen und ca. 10 Min. backen, bis die Mandelblättchen goldgelb werden. Zum Abkühlen mit einem Pfannenwender von den Blechen lösen und auf einem Kuchengitter auskühlen lassen.

Buttered Rum Hot Chocolate

Die Schokolade grob hacken und mit der Butter über einem Wasserbad schmelzen. Zucker, Zimt und Salz unterrühren. Die Milch in einem Topf aufkochen und anschließend den Rum und die Schokoladenmischung unterrühren.

Die Sahne steif schlagen. Etwas Muskatnuss fein reiben.

Die Buttered Rum Hot Chocolate in 4 Tassen füllen und mit Sahne und einer Prise Muskatnuss garnieren.

FÜR 4 TASSEN

60 g Zartbitterschokolade
60 g Butter
100 g brauner Zucker
1 TL Zimt
1 Prise Salz
800 ml Milch
80 ml Rum
200 g Sahne
1 Muskatnuss

Zimtsterne

FÜR 2 BLECHE

Für die Zimtsterne

3 Eiweiß

250 g Puderzucker

400 g gemahlene Mandeln

2 TL Zimt

Außerdem

Ausstecher in Sternform

Am Vortag Backbleche mit Backpapier auslegen. Die Eiweiße steif schlagen. Dann langsam den Puderzucker einrieseln lassen. Von dieser Mischung 100 g beiseitestellen.

300 g Mandeln unter den restlichen Eischnee ziehen und den Zimt unterrühren. Die Eiweiß-Mandel-Mischung sollte sich ausrollen lassen. Wenn der Teig zu sehr klebt, noch mehr Mandeln einarbeiten.

Die restlichen gemahlenen Mandeln auf die Arbeitsfläche streuen. Den Teig darauf ca. 1 cm dick ausrollen. Dann Sterne ausstechen und vorsichtig auf das Backpapier legen. Mit dem restlichen Eischnee bestreichen und über Nacht trocknen lassen.

Am Backtag den Backofen auf 180 °C vorheizen und die Sterne in ca. 8 Min. fertig backen.

Stutenkerle

Hefe in 100 ml lauwarmer Milch auflösen. Das Mehl in eine Schüssel geben, eine Mulde in die Mitte drücken und die Hefemilch hineinfüllen. Mit etwas Mehl bedecken und 15 Min. gehen lassen. Anschließend Salz, Butter, Zucker und Eier zugeben und alles zu einem glatten Teig verkneten. Abgedeckt an einem warmen Ort ca. ½ Std. gehen lassen.

Den Backofen auf 160 °C vorheizen. Aus dem Teig für jeden Stutenkerl eine Kugel für den Kopf und Rollen für Arme, Beine und Körper formen. Auf einem mit Backpapier ausgelegten Backblech die Kugeln und Rollen zu Stutenkerlen verbinden. Dazu die Teigstücke etwas überlappen lassen und aneinanderdrücken. Je zwei Rosinen als Augen in die Kugel für die Gesichter stecken, in die Körper jeweils drei Rosinen untereinander.

Das Eigelb verquirlen und die Stutenkerle damit einstreichen. Im vorgeheizten Ofen in ca. 30 Min. goldbraun backen.

FÜR 6 STUTENKERLE

40 g Hefe
250 ml Milch
500 g Mehl
1 Prise Salz
100 g Butter
60 g Zucker
2 Eier
Rosinen zum Verzieren
1 Eigelb

Nun leuchten wieder
die Weihnachtskerzen
und zaubern Freude
in alle Herzen.

GUSTAV FALKE

Dominosteine

FÜR 1 BLECH

Für den Teig

500 g Mehl

1 Pck. Backpulver

½ TL Zimt

1 Msp. gemahlene Nelken

200 g Honig

100 g brauner Zucker

50 g Butter

1 Ei

Für die Füllung

200 g Johannisbeergelee

200 g Marzipanrohmasse

1 EL Rum

Außerdem

Fett für das Blech

300 g Zartbitterkuvertüre

Den Backofen auf 200 °C vorheizen und ein Backblech fetten. Für den Teig in einer Schüssel Mehl mit Backpulver, Zimt und Nelken mischen. In einem Topf den Honig zusammen mit dem Zucker und der Butter verrühren und schmelzen lassen. Kurz abkühlen lassen, dann die Mischung mit dem Ei zu der Mehlmischung geben und alles zu einem lockeren Teig verkneten. Auf dem Blech ca. 1 cm dick ausrollen. Dann 15 Min. im Ofen backen und die Teigplatte anschließend noch heiß in zwei gleich große Stücke schneiden.

Für die Füllung das Gelee erwärmen und glatt rühren. Die Hälfte davon auf einer der Teigplatten dünn verstreichen. Das Marzipan fein hacken und mit dem Rum verkneten, anschließend zwischen zwei Backpapieren in Teigplattengröße ausrollen. Das Backpapier entfernen, die Marzipanplatte auf die Geleeschicht legen und mit dem restlichen Gelee bestreichen. Die zweite Teigplatte vorsichtig obenauf legen und den Teig in Würfel schneiden.

Die Kuvertüre über einem Wasserbad schmelzen und die Dominosteine damit gleichmäßig überziehen. Auskühlen lassen.

Vanillekipferl

Die Butter in Stückchen schneiden und mit den restlichen Zutaten in einer großen Schüssel zu einem glatten Teig verkneten. Zu einer ca. 5 cm dicken Rolle formen, in Klarsichtfolie wickeln und für 2 Std. kalt stellen.

Den Backofen auf 180 °C vorheizen, Backbleche mit Backpapier auslegen. Die Teigrolle in fingerdicke Scheiben schneiden, diese zu Kipferln formen und auf die Backbleche legen. In ca. 12 Min. hell backen. Währenddessen Puderzucker, Zucker und Vanillezucker auf einem flachen Teller vermischen.

Die noch heißen Kipferl mithilfe von zwei Gabeln vorsichtig in der Zuckermischung wälzen und anschließend auf einem Kuchengitter auskühlen lassen.

FÜR 2 BLECHE

Für den Teig

200 g zimmerwarme Butter
250 g Mehl
100 g gemahlene Mandeln
70 g Zucker
1 Prise Salz

Zum Wälzen

100 g Puderzucker
90 g Zucker
1 Pck. Vanillezucker

Baumkuchen

FÜR 1 KUCHEN

Für den Kuchen

6 Eier

1 Prise Salz

120 g Zucker

150 g Marzipanrohmasse

200 g zimmerwarme Butter

100 g Puderzucker

1 Pck. Vanillezucker

100 g Mehl

100 g Aprikosenkonfitüre

2 EL Orangenlikör nach Belieben

200 g Zartbitterkuvertüre

1 EL Kokosfett

Außerdem

Backform (Ø 24 cm)

Fett für die Form

Den Backofen auf 250 °C vorheizen. Die Backform mit Backpapier auslegen und den Rand fetten. Die Eier trennen. Die Eiweiße mit Salz steif schlagen, den Zucker einrieseln lassen. Die Marzipanrohmasse klein schneiden und mit Butter, Puderzucker und Vanillezucker cremig rühren. Die Eigelbe nach und nach unterrühren, dann den Eischnee und das Mehl unterheben.

2 gehäufte EL Teig auf dem Boden der Backform verstreichen. Im Ofen auf der oberen Schiene 4 Min. backen. Die Form herausnehmen, 2 weitere gehäufte EL Teig darauf verstreichen und wiederum 4 Min. backen. So weiter verfahren, bis kein Teig mehr übrig ist. Es müssen sich 10–12 Schichten ergeben.

Den Kuchen leicht abkühlen lassen, dann auf ein Kuchengitter stürzen und das Backpapier abziehen. Die Konfitüre über dem heißen Wasserbad erwärmen, durch ein Sieb streichen und – wer mag – mit dem Orangenlikör verrühren. Den Baumkuchen rundum damit bestreichen. Vollständig auskühlen lassen. Dann die Kuvertüre grob hacken und mit dem Kokosfett über dem Wasserbad schmelzen. Den Kuchen mit der Kuvertüre überziehen und kalt stellen, bis der Überzug getrocknet ist.

10 Glühwein

Alle Zutaten für den Glühwein in einem Topf vermischen und zugedeckt über Nacht ziehen lassen. Wein fast bis zum Siedepunkt erhitzen, aber nicht aufkochen. Die Gewürze abseihen. Wird der Wein nicht sofort getrunken, kann er an dieser Stelle in sterilisierte Flaschen abgefüllt werden. Vor dem Servieren langsam erwärmen, aber wieder nicht kochen lassen.

Mandeln und Sultaninen einstreuen und heiß servieren.

FÜR 4 GLÄSER

Für den Glühwein

1 Flasche Rotwein (0,75 l)

100 ml Wodka

125 g brauner Zucker

1 TL Abrieb von 1 Bio-Zitrone

2 Zimtstangen

1 TL gemahlener Ingwer

5 Nelken

4 Kardamomkapseln oder ½ EL gemahlener Kardamom

2 getrocknete Bitterorangenschalen

Außerdem

60 g geschälte Mandelkerne

60 g Sultaninen

11 Bethmännchen

FÜR 1 BLECH

250 g Marzipanrohmasse

75 g Puderzucker

1 EL Mehl

2 kleine Eiweiß

1 TL Zitronensaft

ca. 50 geschälte Mandelkerne

1 TL Rosenwasser zum Backen

Marzipan, Puderzucker, Mehl, 1 Eiweiß und den Zitronensaft mit den Händen verkneten. Dann aus der Masse 30 kirschgroße Kugeln formen. Die Mandeln halbieren und jeweils drei Hälften aufrecht an die Kugeln drücken.

Den Backofen auf 140 °C vorheizen und ein Backblech mit Backpapier auslegen. Die Kugeln daraufsetzen. Das Rosenwasser mit dem zweiten Eiweiß verrühren und die Bethmännchen damit bestreichen. Für ca. 40 Min. im Ofen goldbraun backen. Auskühlen lassen.

Germknödel mit Mohnbutter

Die Hefe in eine Schüssel bröseln. Mit 50 ml lauwarmer Milch und 1 TL Vanillezucker verrühren. Den Vorteig zugedeckt 15 Min. gehen lassen. Mit den Knethaken des Handrührgeräts die restliche Milch, den übrigen Zucker, das Mehl, das Eigelb und den Hefeansatz vermengen, dann Butter und Salz unterarbeiten. Teig leicht mit Mehl bestäuben, mit einem Küchentuch abdecken und 45 Min. gehen lassen, bis sich das Volumen verdoppelt hat.

Den Teig auf einer bemehlten Arbeitsfläche erneut gut durchkneten und in 4 Portionen teilen. Zu 1,5 cm dicken Fladen flach drücken. Je 1 EL Pflaumenmus in die Mitte geben, Teig von allen Seiten darüberschlagen und zu einem Knödel formen. Mit der Naht nach unten auf ein mit Backpapier ausgelegtes Backblech setzen, ein Küchentuch darüberlegen und im leicht aufgewärmten Backofen weitere 20 Min. gehen lassen.

Einen weiten Topf 2–3 cm hoch mit Wasser füllen und aufkochen. Dämpfeinsatz mit einem Geschirrtuch auslegen und auf den Topf setzen. Knödel mit ausreichend Abstand in den Einsatz legen und zugedeckt bei mittlerer Hitze in ca. 15 Min. garen. Vom Herd nehmen und 2 Min. ziehen lassen.

Butter in einem Topf zerlassen, bis sie leicht gebräunt ist, dann Mohn und Puderzucker untermischen. Knödel aus dem Topf nehmen und mit Mohnbutter servieren.

FÜR 4 PORTIONEN

Für die Germknödel

½ Würfel Hefe

125 ml Milch

40 g Vanillezucker

250 g Mehl plus etwas zum Verarbeiten

1 Eigelb

50 g zimmerwarme Butter

1 Prise Salz

4 EL Pflaumenmus

Für die Mohnbutter

40 g Butter

1 EL Mohn

1 EL Puderzucker

Außerdem

Dämpfeinsatz

Ich werde Weihnachten
in meinem Herzen tragen
und versuchen,
es das ganze Jahr hindurch
zu bewahren.

CHARLES DICKENS

Spitzbuben

FÜR 2 BLECHE

Für die Spitzbuben

300 g Mehl
100 g Puderzucker
1 Pck. Vanillezucker
1 Msp. Zimt
200 g zimmerwarme Butter
2 Eigelb
250 g Johannisbeerkonfitüre
2 EL Rum
Puderzucker zum Bestäuben

Außerdem

Spitzbuben-Ausstecher

Das Mehl und den Puderzucker in eine große Schüssel sieben, Vanillezucker und Zimt darüberstreuen. Die Butter in Flöckchen mit den Eigelben in die Schüssel geben. Alles zu einem glatten Teig verkneten, zu einer Kugel formen, in Klarsichtfolie wickeln und für 30 Min. kalt stellen.

Den Backofen auf 180 °C vorheizen, Backbleche mit Backpapier auslegen. Den Teig ca. 3 mm dick ausrollen, mit Förmchen eine gerade Anzahl Plätzchen ausstechen. In die Hälfte mittig ein ca. 1 cm großes Loch von beliebiger Form stechen. In ca. 10 Min. goldgelb backen, parallel die Konfitüre mit dem Rum erhitzen und glatt rühren.

Die Plätzchen noch heiß vom Backpapier lösen, auf die ohne Loch je ½ TL Konfitüre geben, ein Plätzchen mit Loch aufsetzen und mit Puderzucker bestäuben.

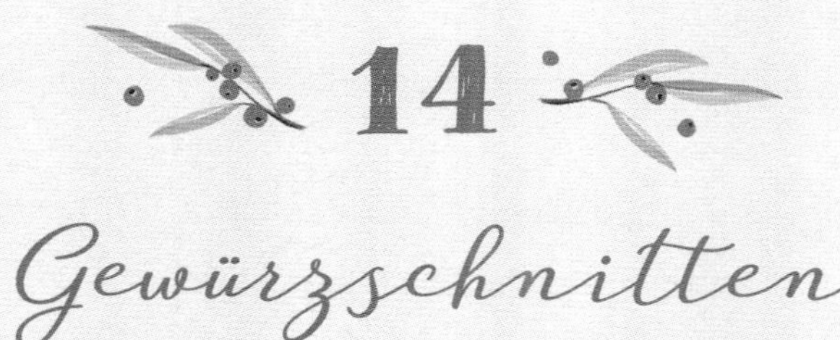

Gewürzschnitten

Den Backofen auf 200 °C vorheizen und ein Backblech mit Backpapier auslegen. Alle Zutaten bis auf den Zitronensaft und den Puderzucker zu einem glatten Teig verkneten. Auf der leicht bemehlten Arbeitsfläche ca. 1 cm dick ausrollen und in 2 x 8 cm große Streifen schneiden. Die Schnitten auf dem Blech verteilen und in ca. 15 Min. goldbraun backen. Auskühlen lassen.

Aus Zitronensaft und Puderzucker eine dickflüssige Glasur anrühren und diese großzügig auf den Gewürzschnitten verstreichen.

FÜR 1 BLECH

125 g Mehl plus etwas für die Arbeitsfläche

100 g gemahlene Mandeln

125 g zimmerwarme Butter

75 g Zucker

60 g fein zerstoßener Zwieback

1 Ei

1 Prise gemahlene Nelken

1 Prise Muskat

1 Prise Zimt

Abrieb und 2 EL Saft von 1 Bio-Zitrone

100 g Puderzucker

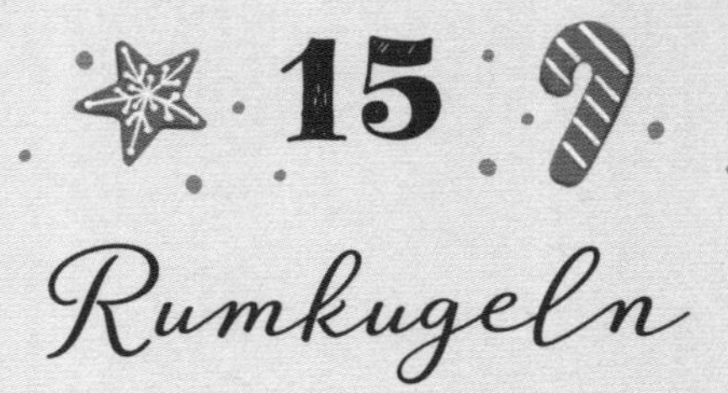

Rumkugeln

FÜR CA. 30 STÜCK

100 g zimmerwarme Butter
100 g Puderzucker
200 g Zartbitterschokolade
200 g Vollmilchschokolade
5 EL Rum
200 g Schokostreusel

Die Butter mit dem Puderzucker in einer Rührschüssel schaumig rühren.

Die beiden Schokoladensorten grob hacken und in einer Schüssel über einem heißen Wasserbad schmelzen. Zusammen mit dem Rum vorsichtig in die Buttercreme rühren und ca. 1 Std. im Kühlschrank abkühlen lassen.

Die Masse zu Kugeln formen und in den Schokostreuseln wälzen. Auf eine Platte setzen, mit Folie abdecken und über Nacht im Kühlschrank durchziehen lassen.

TIPP:

Für ein besonderes Finish die Kugeln in gehackten Mandeln oder Kokosraspeln statt in Streuseln wälzen.

16 Eierpunsch

FÜR 4 GLÄSER

2 Vanilleschoten
300 ml Milch
150 g Sahne
2 Zimtstangen
Salz
4 Eigelb
4 EL Zucker
160 ml Rum
1 Muskatnuss

Die Vanilleschoten längs halbieren und das Mark herauskratzen. Die Milch mit der Sahne in einen Topf geben. Vanillemark, die Schoten, die Zimtstangen und eine kleine Prise Salz zufügen. Alles aufkochen lassen, vom Herd nehmen und ca. 1 Std. ziehen lassen.

Die Eigelbe in eine Schüssel geben. Den Zucker zugeben und mit einem Handrührgerät schaumig schlagen.

Die Vanilleschoten und Zimtstangen wieder aus dem Topf entfernen und anschließend die Eigelb-Mischung gemeinsam mit dem Rum in den Topf geben. Unter ständigem Rühren noch einmal erhitzen, bis die Flüssigkeit etwas eingedickt ist. Nicht kochen, damit das Ei nicht zu stocken beginnt.

Den Eierpunsch in vier Gläser füllen und darüber etwas Muskatnuss zum Garnieren fein reiben. Warm servieren.

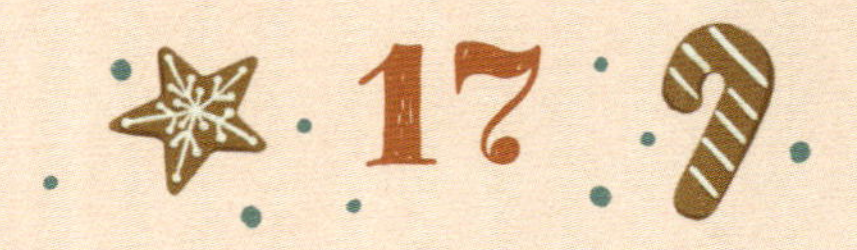

Zimtparfait mit Mandelkrokant

FÜR 4 PORTIONEN

Für das Zimtparfait

5 Eigelb

100 g Zucker

1 Pck. Vanillezucker

350 ml Sahne

2 EL Zimt

Für den Mandelkrokant

120 g Zucker

120 g Mandelblättchen

Für das Parfait Eigelbe, Zucker und Vanillezucker schaumig schlagen. In einer zweiten Schüssel Sahne mit Zimt steif schlagen und unter die Eigelbmasse heben. In eine Kastenform geben und abgedeckt 4 Std. im Gefrierfach kalt stellen.

Für den Krokant Zucker mit 4 EL Wasser in eine beschichtete Pfanne geben und bei mittlerer Hitze karamellisieren lassen. Mandelblättchen einrühren. Anschließend vom Herd nehmen, auf ein mit Backpapier ausgelegtes Backblech streichen und auskühlen lassen. Dann den ausgekühlten Krokant in kleine Stücke brechen.

Zum Servieren das Parfait in Scheiben schneiden, auf 4 kleine Teller verteilen und mit Krokant garnieren.

18

Pfeffernüsse

Eier und Zucker schaumig schlagen. Zitronat fein hacken. Mit Zimt, Piment, Kardamom, Anis, Pfeffer, Mehl und Backpulver mischen und mit der Ei-Zucker-Masse zügig zu einem glatten Teig verkneten. Diesen in Frischhaltefolie wickeln und für ½ Std. kalt stellen. Dann zwei Backbleche mit Backpapier auslegen, aus dem Teig walnussgroße Kugeln formen und auf die Bleche setzen. Über Nacht trocknen lassen.

Den Backofen auf 180 °C vorheizen und die Bleche nacheinander für ca. 18 Min. in den Backofen geben. Anschließend die Pfeffernüsse mit dem Backpapier vom Blech ziehen und auskühlen lassen.

FÜR 2 BLECHE

2 Eier

250 g Zucker

30 g Zitronat

½ TL Zimt

½ TL Piment

1 Prise Kardamom

1 Prise Anis

1 Prise weißer Pfeffer

250 g Mehl

1 TL Backpulver

TIPP:

Die Pfeffernüsse nach Belieben mit weißem Zuckerguss überziehen.

Fichten, Lametta, Kugeln und Lichter,
Bratapfelduft und frohe Gesichter,
Freude am Schenken – das Herz wird so weit.
Ich wünsch allen eine fröhliche Weihnachtszeit!

VOLKSGUT

Kokos-Makronen

FÜR 2 BLECHE

6 Eiweiß

500 g Zucker

2 Pck. Vanillezucker

500 g Kokosraspel

Den Backofen auf 160 °C vorheizen und die Backbleche mit Backpapier auslegen.

Die Eiweiße zu steifem Schnee schlagen, Zucker und Vanillezucker einrieseln lassen und weiterschlagen. Zuletzt die Kokosraspel unterheben. Mithilfe eines Kugelformers Häufchen auf das Blech setzen. Ca. 20 Min. backen, nur leicht bräunen lassen. Anschließend die Makronen mit dem Backpapier von den Blechen ziehen und auskühlen lassen.

TIPP:

Kugelformer gibt es im Haushaltswarenladen zu kaufen. Man kann die Makronen aber auch wie schon Großmutter mithilfe von zwei angefeuchteten Esslöffeln formen.

20

Lebkuchenfiguren

Butter mit Honig, Zucker, Kakao und Lebkuchengewürz in einen Topf geben. Unter ständigem Rühren vorsichtig erwärmen, bis sich der Zucker aufgelöst hat. Dann vollständig abkühlen lassen.

Mehl und Backpulver in eine Schüssel sieben und die Honigmasse mit dem Ei und dem Salz untermischen. Alles zu einem glatten Teig verarbeiten, in Frischhaltefolie wickeln und über Nacht kalt stellen.

Am nächsten Tag den Backofen auf 200 °C vorheizen. Den Teig auf der bemehlten Arbeitsfläche ausrollen und Lebkuchenfiguren ausstechen. Auf mit Backpapier ausgelegte Bleche verteilen und ca. 15 Min. backen. Für die Verzierung Eiweiße steif schlagen und anschließend so viel Puderzucker zufügen, bis die Masse zäh wird. Den Zuckerguss in eine Spritztüte füllen und die abgekühlten Lebkuchenfiguren mit Guss und Zuckerperlen dekorieren.

FÜR 2 BLECHE

Für den Lebkuchen

100 g Butter

300 g Honig

120 g Zucker

1 EL Kakaopulver

4 TL Lebkuchengewürz

600 g Mehl plus etwas für die Arbeitsfläche

½ Pck. Backpulver

1 Ei

1 Prise Salz

Für die Verzierung

2 Eiweiß

350 g Puderzucker

150 g Zuckerperlen

Außerdem

Ausstechformen nach Belieben

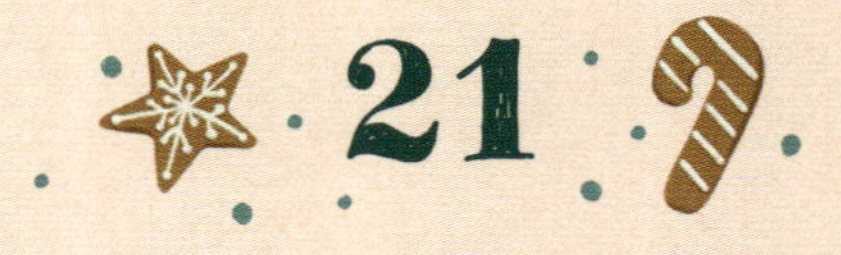

Bratapfel mit Vanillesoße

FÜR 4 PORTIONEN

Für die Bratäpfel

4 Äpfel (z. B. Boskop)
40 g gehackte Walnusskerne
20 g gehackte Mandeln
25 g Rosinen
10 g getrocknete Cranberrys
½ TL Zimt
100 g Marzipan
40 g Butter
40 ml Apfelsaft

Für die Vanillesoße

1 Vanilleschote
250 ml Sahne
3 Eier
30 g Zucker

Den Backofen auf 180 °C Umluft vorheizen. Die Äpfel waschen, trocknen und den Deckel ca. 1,5 cm tief abschneiden. Das Kerngehäuse entfernen. In eine mit Backpapier ausgelegte Auflaufform geben.

In einer Schüssel Nüsse, Früchte und Zimt mischen. Das Marzipan weich kneten und vorsichtig mit der Nuss-Frucht-Mischung vermengen. In 4 gleiche Teile teilen, jeweils zu einer Rolle formen und in die Äpfel drücken. Die Butter in Flöckchen mit dem Saft auf den Äpfeln verteilen. Diese anschließend in den Ofen geben und 25 Min. backen. Zwischendurch mit dem entstandenen Sud übergießen. Anschließend die Deckel auf die Äpfel setzen und für weitere 10 Min. fertig garen.

Für die Vanillesoße die Schote längs halbieren und das Mark herauskratzen. Schote und Mark mit der Sahne in einen Topf geben und alles einmal aufkochen. In einer Schüssel die Eier mit dem Zucker mit einem Handrührgerät ca. 3 Minuten schaumig schlagen. Anschließend die heiße Vanillesahne zugeben und verrühren. Die Soße zurück in den Topf geben und bei schwacher Hitze unter ständigem Rühren bis zur gewünschten Konsistenz andicken lassen. Auf Tellern anrichten, die Äpfel aus dem Ofen nehmen, in die Soße setzen und servieren.

Feuerzangenbowle

Die Orangen und die Zitrone mit heißem Wasser waschen, trocken tupfen und in Scheiben schneiden. Mit dem Wein und den Gewürzen in einen großen Topf geben und bei mittlerer Hitze erwärmen. Die Bowle darf nicht kochen. Früchte und Gewürze in der warmen Flüssigkeit ziehen lassen. Weinmischung in einen Punschtopf umfüllen und auf ein Rechaud stellen.

Die Feuerzange samt Zuckerhut über den Topf legen und den Zuckerhut mit Rum beträufeln. Mit ausreichendem Abstand den Zuckerhut anzünden. Vorsicht, es kann eine Stichflamme entstehen! Wenn der Rum fast verbrannt ist, den restlichen Rum zunächst in eine Kelle gießen, dann über den brennenden Zuckerhut laufen lassen. Nie mit der Rumflasche direkt an die offene Flamme gehen!

Die Feuerzangenbowle in Punschgläsern servieren und warm genießen.

FÜR CA. 10 GLÄSER

Für die Bowle

2 Bio-Orangen
1 Bio-Zitrone
2 l Rotwein
3 Sternanise
3 Gewürznelken
2 Wacholderbeeren
2 Zimtstangen
1 Zuckerhut
350 ml Rum

Außerdem

Punschtopf
Rechaud
Feuerzange

23

Schwarz-Weiß-Gebäck

FÜR 1 BLECH

290 g Mehl plus etwas für die Arbeitsfläche

125 g Puderzucker

1 TL Backpulver

1 Prise Salz

150 g kalte Butter

1 Eigelb

3 TL Kakaopulver

Milch zum Einpinseln

Mehl, Zucker, Backpulver und Salz auf der Arbeitsfläche mischen. Die Butter in Stücken zugeben und mit der Mehlmischung krümelig reiben. Das Eigelb zufügen und alles zu einem glatten Teig verarbeiten. In zwei gleich große Hälften teilen und eine davon mit dem Kakao verkneten. Beide Teighälften zu Kugeln formen, in Frischhaltefolie wickeln und 2 Std. kalt stellen.

Die beiden Teigkugeln auf der leicht bemehlten Arbeitsfläche zu 1 cm dicken Quadraten ausrollen und diese in 1 cm breite Streifen schneiden. Je einen hellen, einen dunklen und wieder einen hellen Streifen nebeneinanderlegen, die benachbarten Kanten mit etwas Milch einpinseln und die Streifen vorsichtig aneinanderdrücken. Nun einen hellen auf den dunklen und zwei dunkle auf die beiden hellen Streifen legen, dabei wieder alle Kanten mit Milch einpinseln. Diesen Vorgang wiederholen, sodass mehrere quadratische Teigstangen mit je 9 aneinandergesetzten Streifen entstehen. Stangen in Frischhaltefolie wickeln und für 10 Min. ins Gefrierfach legen.

Den Backofen auf 180 °C vorheizen und ein Backblech mit Backpapier auslegen. Die Teigstangen mit einem sehr scharfen Messer in 3 mm dünne Scheiben schneiden. Diese nebeneinander aufs Blech legen und in 12 Min. hell backen. Herausnehmen und auf einem Gitterrost abkühlen lassen.

MERRY CHRISTMA
MERRY CHRIS

Feiner Quarkstollen

Backofen auf 180 °C vorheizen und ein Backblech mit Backpapier auslegen. Den Quark abtropfen lassen, Rosinen mit Mehl bestäuben. Orangeat und Zitronat fein würfeln. Das Mehl mit dem Backpulver auf die Arbeitsfläche sieben und eine Mulde eindrücken. In die Mulde Zucker, Zitronenschale, Eier und Rum geben und vermengen. 200 g von der Butter in Stückchen zugeben, dann Quark, Rosinen, Mandelstifte, Orangeat und Zitronat einarbeiten. Alles zu einem glatten Teig verkneten.

Einen Stollen formen und auf das Backblech legen. In 1–1¼ Std. fertig backen (Stäbchenprobe machen). Kurz vor Ende der Backzeit die restliche Butter in einem Topf zerlassen. Stollen aus dem Ofen nehmen, mit der heißen Butter übergießen und mit dem Puderzucker bestäuben.

FÜR 1 STOLLEN

250 g Quark

200 g Rosinen

500 g Mehl plus etwas mehr zum Bestäuben

50 g Orangeat

100 g Zitronat

1 Pck. Backpulver

200 g Zucker

Abrieb von 1 Bio-Zitrone

2 Eier

2 EL Rum

400 g Butter

150 g Mandelstifte

Puderzucker zum Bestäuben

REZEPTREGISTER

ZUTATENREGISTER

ZUTATENREGISTER

P

Q

R

S

V

W

Z

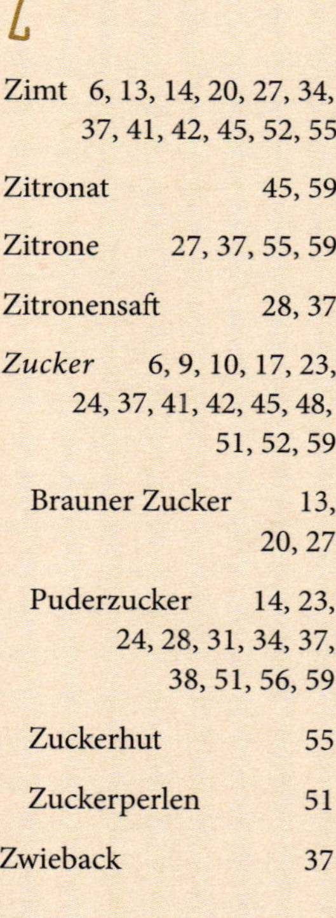

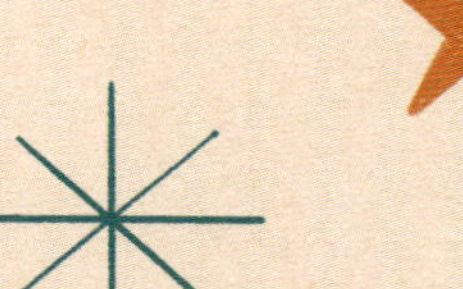

ÜBER DIE FOTOGRAFIN:

FRAUKE ANTHOLZ ist freie Food-Fotografin. Am liebsten steht sie selbst am Herd, kocht, backt und stylt, bevor sie mit viel Liebe zum Detail den Moment einfängt. Ihre Fotografien erscheinen regelmäßig in namhaften Magazinen und Büchern.

5 4 3 2 1   28 27 26 25 24

978-3-7567-1035-5

Fotografie: Frauke Antholz
Illustrationen: Sara Vidal Peiró
Lektorat: Claudia Pastors
Umschlaggestaltung: Anna Rosin
Layout und Satz: Stefanie Wawer
Redaktion: Nicola-Kim Raschdorf
Herstellung: Dana Günther
Litho: FSM Premedia GmbH & Co. KG, Münster

www.hoelker-verlag.de